赢在最强大脑

让你抓狂的脑筋急转弯

崔钟雷 编著

知識出版社

前言

“池塘边的榕树上，知了在声声叫着夏天。操场边的秋千上，只有蝴蝶停在上面。黑板上老师的粉笔还在拼命叽叽喳喳写个不停，等待着下课，等待着放学，等待游戏的童年……”

童年，是人一生中最富诗意、最为神秘的一段时光。在那段天真烂漫的时光里，我们对这个美妙的世界充满着无限的好奇与遐想。正如巴尔扎克所说：“童年原是一生最美妙的阶段，那时的孩子是一朵花，也是一颗果子，是一片朦朦胧胧的聪明，一种永远不息的活动，一股强烈的欲望。”

本套丛书旨在培养儿童的思维创造性，训练思维的扩散性，培养思维的创新性，拓展思维的多样性，造就思维敏捷的天才少年。

本套丛书包括两个系列：“脑筋急转弯”和“一分钟巧破案”，脑筋急转弯是一种趣味智力游戏，起源于古代印度，其简洁短小的问题暗藏玄机，出人意料的答案妙趣横生。在“脑筋急转弯”系列中，编者精心编选了最有创意的脑筋急转弯问题，让大脑突破原有的思维模式，大胆想象，放飞心灵的翅膀，在广阔无边的思维天空中自由翱翔。在“一分钟巧破案”系列中，编者精心构思了扑朔迷离的案情，五彩缤纷的场景，引导、激励孩子去探索和发现，找出其中的逻辑破绽。本书编者想借“游戏”之舟，进行一次诗意的智力之旅。当然，这里的“诗意”并非“诗词歌赋”“琴棋书画”的高雅，而是一种儿童与生俱来的智慧，一种天性的诗意。《赢在最强大脑》为孩子灵性的伸展搭建了一个并不陡峭的高度，拨响了儿童内心诗的琴弦，给孩子更为温馨的诗意浸润。

泰戈尔说：“一切教育都是从我们对儿童天性的理解开始的。”儿童是本能的缪斯，立足游戏，用童心的标尺“丈量”生活，以“诗意”的角度发掘生活，打造孩子的诗意童年，孩子灵性的激发便会多一份童心的灿烂，我们的教育教学也会多一份期待已久的诗意飞扬。

赢在最强大脑

赢在最强大脑

什么车名不副实？

自行车。

什么东西有两个头一个腰？

哑铃。

什么人在刀刃上运动？

答案

滑冰的人。

什么东西工作却要挨打？

钉子。

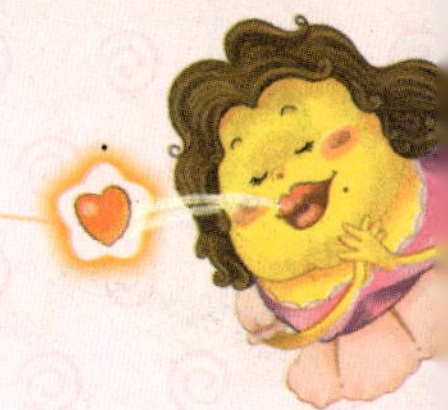

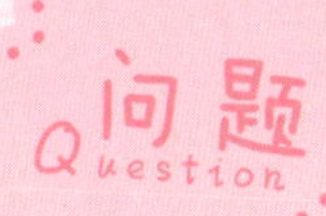
问题
Question

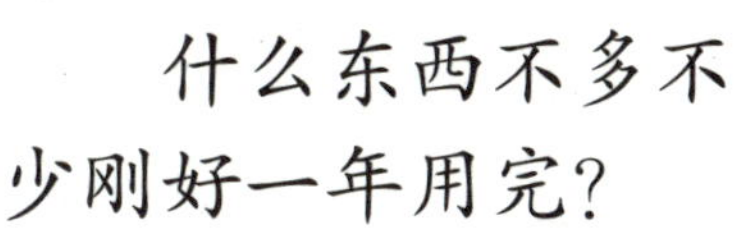
什么东西不多不少刚好一年用完？

正好一年用完了！

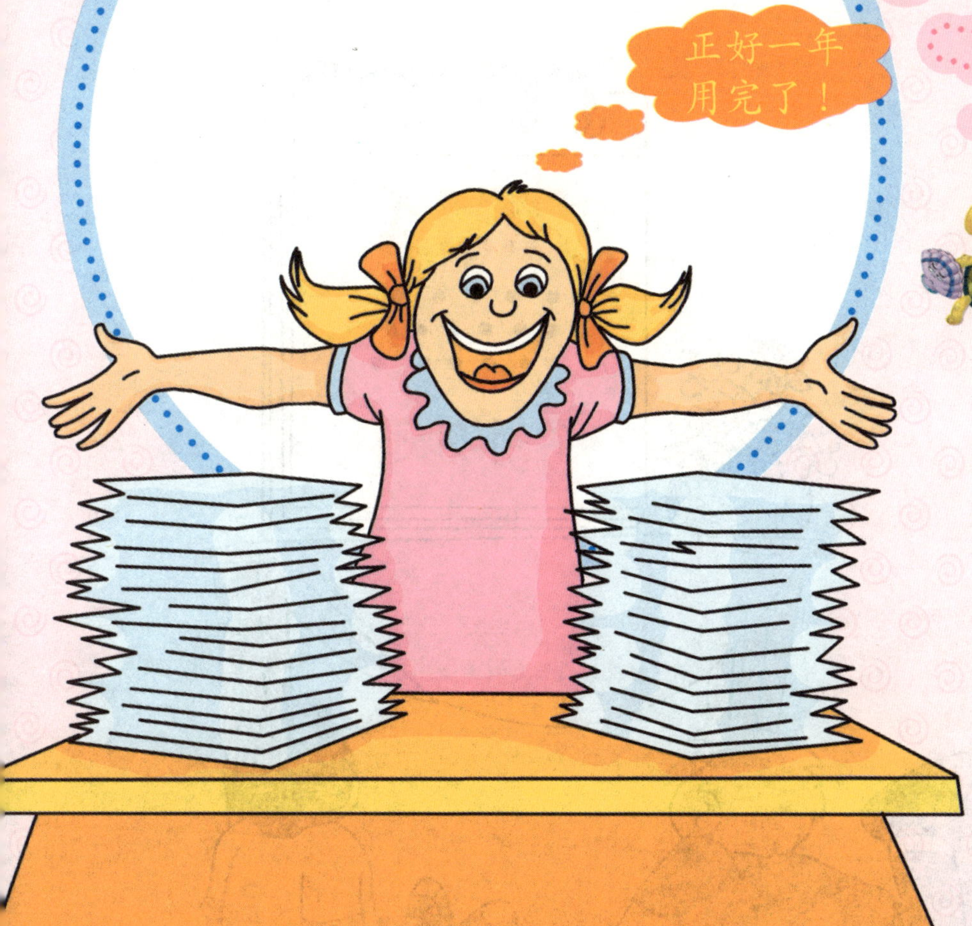

答案

日历。

2014

1月1日

问题 Question

什么人说话算数？

答案

数学老师。

问题 Question

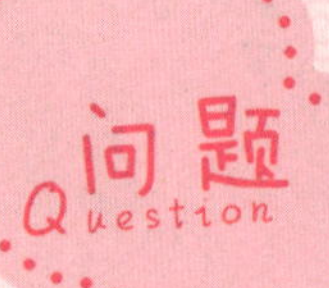

用什么方法可以看见人的心？

日久见人心。

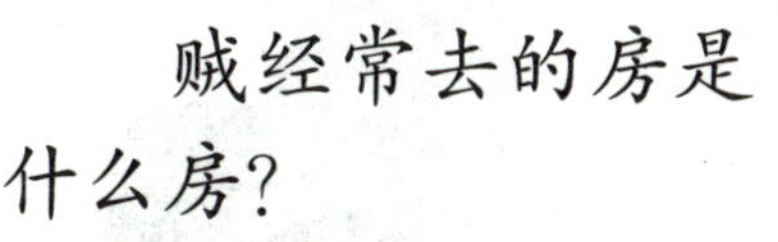

贼经常去的房是什么房?

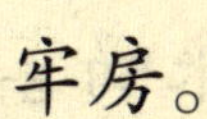

牢房。

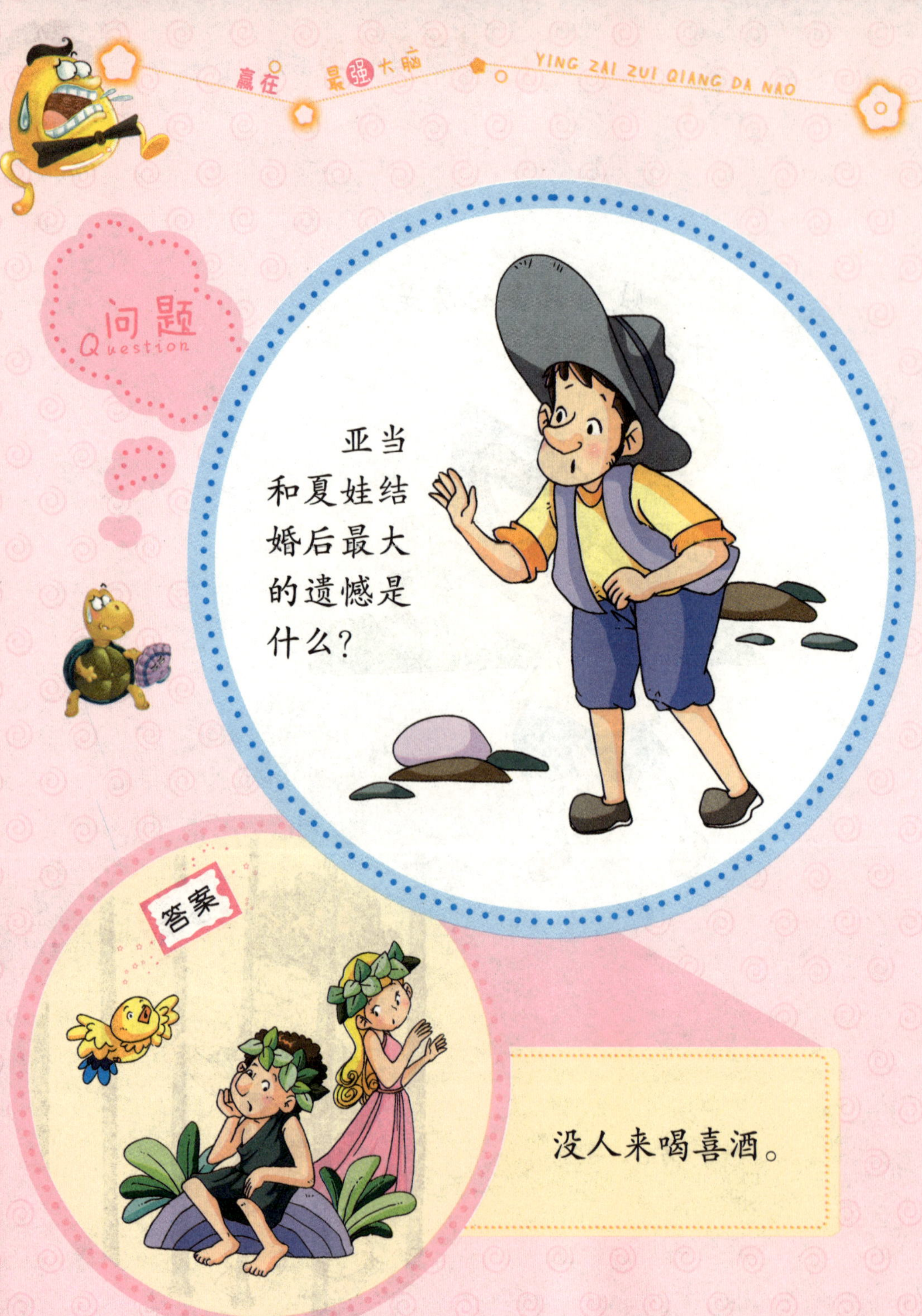

问题
Question
亚当和夏娃结婚后最大的遗憾是什么？
答案

没人来喝喜酒。

问题
Question

假如没有筷子和勺子，应该用什么吃饭？

答案

用嘴吃饭。

问题 Question

熊为什么冬眠时会睡这么久？

答案

因为没有人敢叫醒它。

谁是最高的人？

顶天立地的人。

黑头发有什么好处？

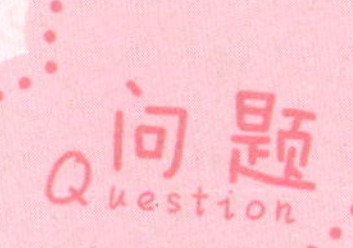

不怕晒黑。

什么牛可大可小？

吹牛。

问题
Question

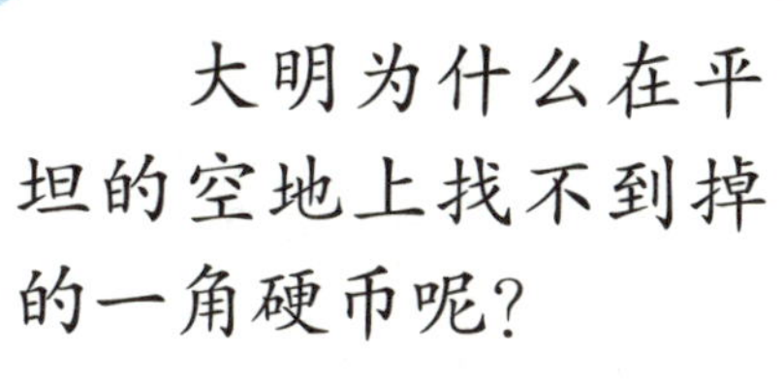

大明为什么在平坦的空地上找不到掉的一角硬币呢?

答案

这枚硬币粘在了他的鞋底上。

问题
Question

什么东西
最爱压人？

帽子。

问题 Question

做什么事情总要无中生有？

答案

搞发明。

什么东西浑身是胆？

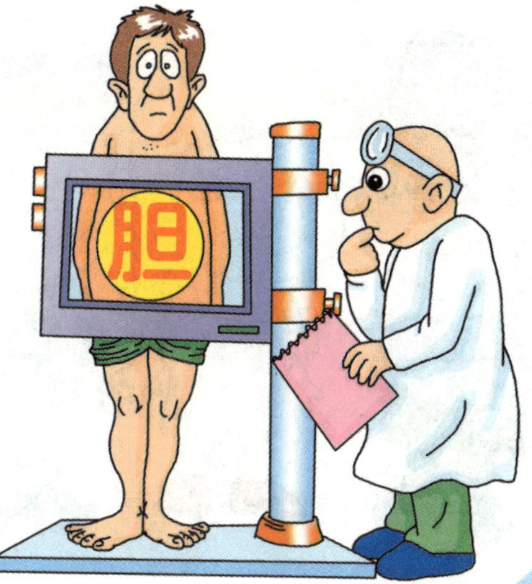

暖水瓶。

问题 Question

白人、黑人和黄种人，身上哪一部分的颜色是一样的？

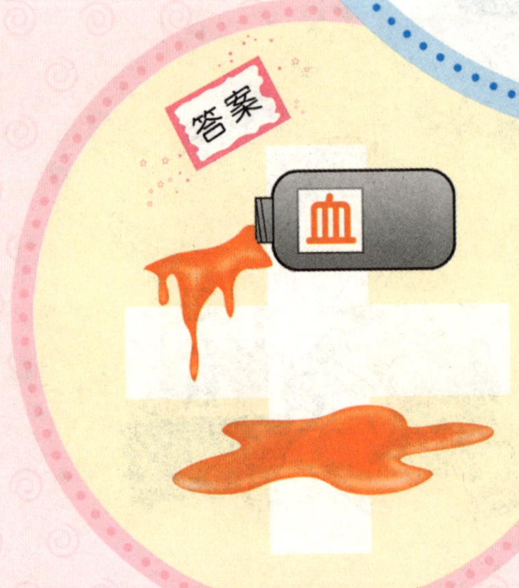

血。

问题
Question

王先生以前被人笑就不高兴，现在他越被人笑就越高兴，为什么？

答案

因为他做了喜剧演员。

课堂上三个同学在激烈地争吵，老师却笑眯眯地在一旁观看，为什么呢？

因为三个同学是在演话剧。

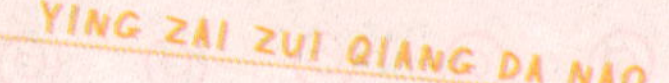

晴朗的天空，为什么没有太阳？

晚上当然看不见太阳。

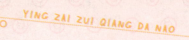

保罗是名跳水运动员，可是有一天，他站在跳台上，却不敢往下跳。为什么？

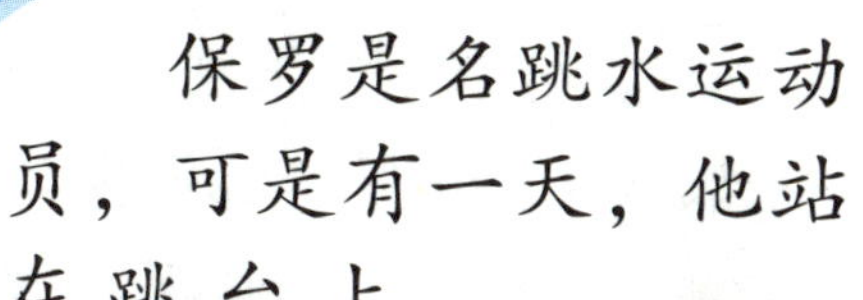

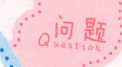

答案

因为水池里没有水。

问题 Question

每对父母在生活中都有一个绝对的共同点，那是什么？

同年同月同日结婚。

一种车没有轮子也能行走自如，这是什么车？

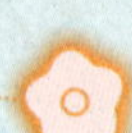

答案

棋盘上的“车”。

什么东西咬你的手和脚，你却不阻止？

指甲刀。

什么东西最容易使一个英勇的士兵倒下？

床。

谁在众目睽睽之下杀人，但没有人治他的罪？

处决犯人的警官。

妈妈把长发剪掉了，家里为什么没有人发现呢？

因为大家都没回来。

问题 Question

小红家有一只白猫和一只黑猫，你知道哪一只不喜欢捉老鼠吗？

懒的那一只。

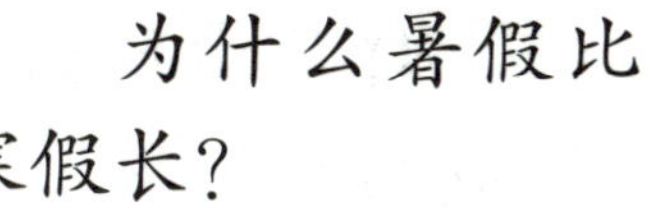

热胀冷缩。

灯是由什么组成的？

由“火”和“丁”。

问题
Question

涛涛在海滩上跑步，他的身后却没有脚印。这是为什么？

他在倒着跑。

问题 Question

做什么事情只能用一只眼睛看?

答案

测试每一只眼睛的视力度数。

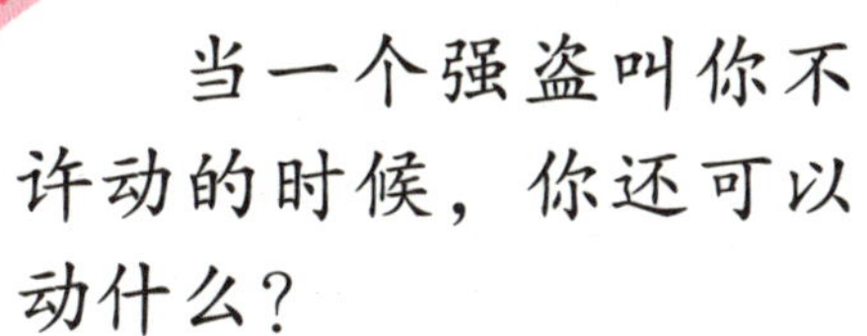

当一个强盗叫你不许动的时候，你还可以动什么？

答案

动脑筋想办法脱离危险。

春节发什么大家最高兴？

发财。

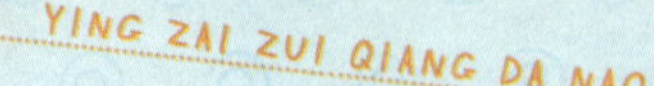

问题 Question

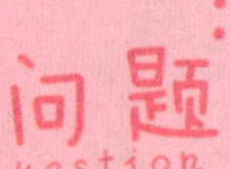

什么样的人死后还会出现？

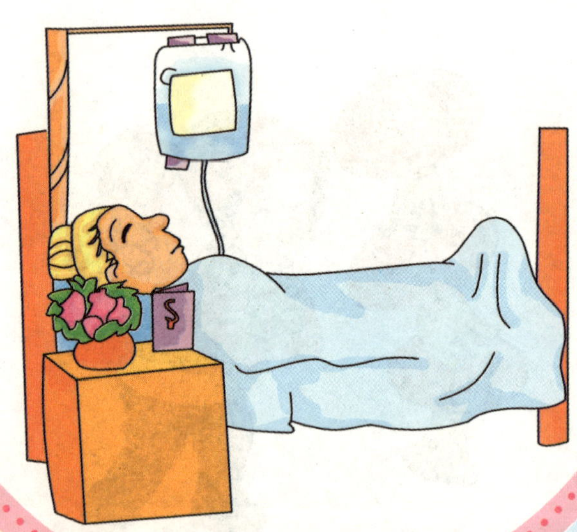

电影演员。

用椰子和西瓜打头哪一个比较痛？

头比较痛。

问题
Question

什么样的画最难偷？

答案

壁画。

问题 Question

为什么两只老虎打架，非要拼个你死我活才罢休？

答案

没有人敢劝架。

穿着普通的布鞋，怎样才能在湖面上行走？

等湖水结冰后。

问题 Question

什么时候说话要用到手?

答案

打电话的时候。

问题 Question

人到世上看到的第一个人是谁？

医生。

问题 Question

兔子面前放着一盘鸡肉和一盘鸭肉，它会先吃哪盘呢？

兔子不吃肉，
它哪盘都不会选。

大宝可以在两个钟头内不眨眼睛，他是怎么办到的？

他睡着了。

谁一生受的压迫最重？

答案

骆驼，它总是背着两座山。

问题 Question

吃了什么东西会眉飞色舞？

答案

辣椒。

一名警察见了小偷拔腿就跑，为什么？

他想快点儿抓住小偷。

问题
Question

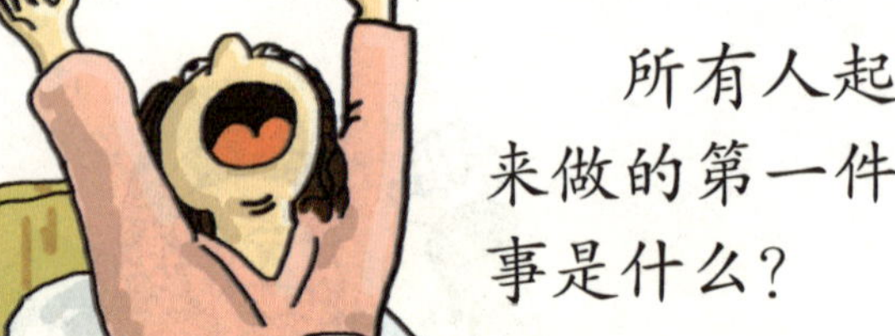

所有人起来做的第一件事是什么？

睁开眼睛。

问题 Question

世界上的人分为几种？

两种，男人和女人。

小明一会儿穿夏装，一会儿穿冬装，这是为什么？

因为他是模特，正在表演时装秀。

问题 Question

有个地方能进不能出，这是什么地方？

答案

坟墓。

世界上什么样的海最大？

苦海，因为苦海无边。

在《康熙字典》你永远查不到的字是什么字？

答案

外国字。

问题 Question

王老汉带着8只羊去集市上卖，卖了20元钱。回来时他又带回了8只羊，为什么？

答案

他卖的是羊毛。

问题 Question

晚上不请自来，白天不翼而飞的是什么？

黑暗。

问题 Question

他整天坐汽车兜风，且包里装满了钱，他是谁？

公共汽车售票员。

有一种池长年没水，是什么池？

电池。

小王走路从来脚不沾地，这是为什么？

因为他穿着鞋。

问题 Question

什么是大家都不想得到的？

答案

坏消息。

皮皮的成绩单上哪个分数最高？

总分。

问题 Question

看书看得津津有味时最怕发生什么事？

答案

接下来的部分被撕掉了。

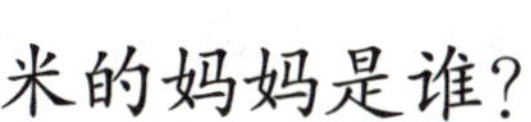
米的妈妈是谁？

花。因为花生米嘛！

问题 Question

三个口叫“品”，三个木叫“森”，那么三个鬼叫什么？

叫“救命”。

一个东西明明属于你，可别人用的次数比你还多，你知道这个东西是什么吗？

答案 你自己的名字。

在家排行第二的女孩儿。(打一个字)

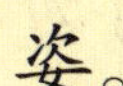

姿。

问题 Question

螃蟹和猴子比赛划拳，为什么总是螃蟹输？

因为螃蟹只会出剪子。

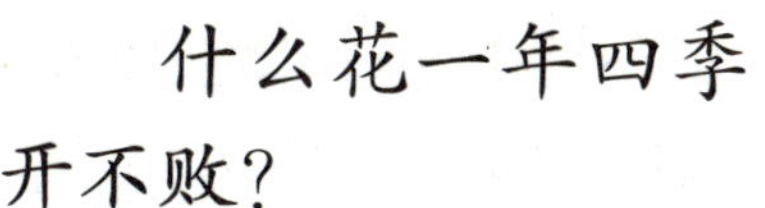

什么花一年四季开不败？

假花。

问题 Question

小木知道的哪些星比天文学家知道的还多？

娱乐圈的明星。

问题 Question

三个人挤在一把伞下在街上走，为什么没有一个人的衣服被淋湿？

答案

因为那天没下雨。

在船航行的过程中见到最多的是什么？

答案

水。

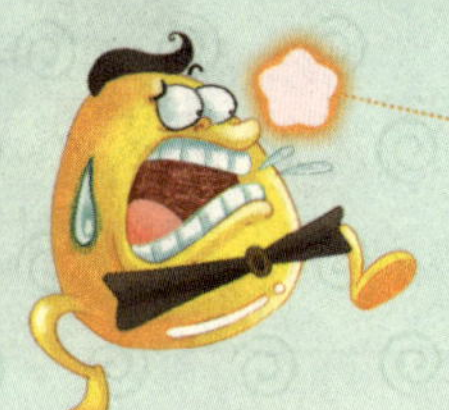

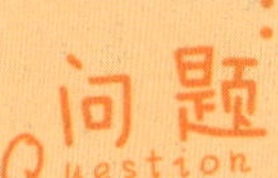
问题
Question

什么动物天天晚上睡不着觉？

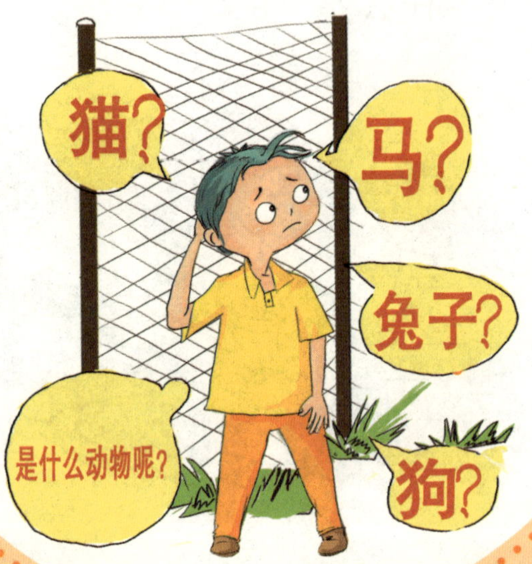
猫？
马？
兔子？
是什么动物呢？
狗？

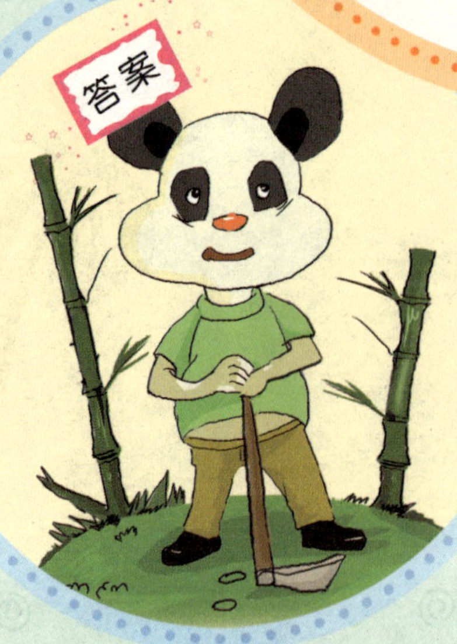
答案

熊猫。它熬夜都熬出黑眼圈儿了。

什么人以牙还牙？

牙医。

什么人最能把握好分寸？

谁最能把握好分寸？

裁缝。

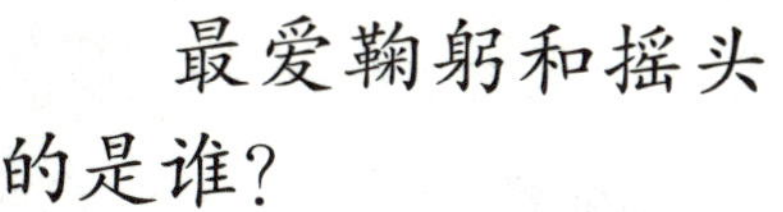

最爱鞠躬和摇头的是谁？

不倒翁。

小学+初中+高中+大学

读完大学需要多长时间？

一秒钟。

问题
Question

什么地方没有明显的四季和昼夜长短变化？

答案

赤道。

江河湖海有哪些不同？

它们的右边不同。

问题 Question

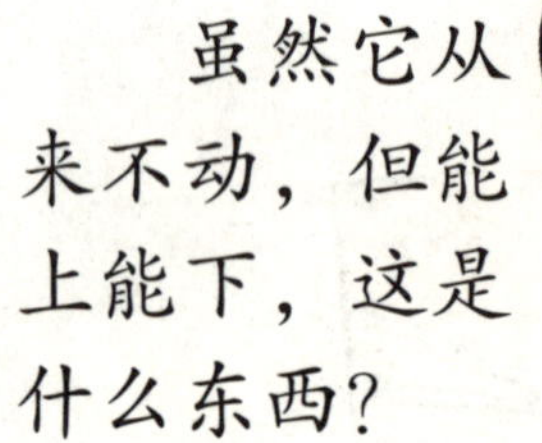

虽然它从来不动，但能上能下，这是什么东西？

楼梯。

问题 Question

一个人朝东站着，另一个人朝西站着，他们怎样才能看到彼此的脸？

答案

面对面站着就可以了。

小弟。

姐。

坚固的锁最怕什么？

钥匙。

问题 Question

天生没有翅膀的鸡是什么鸡？

没有翅膀还叫鸡吗？
我都有翅膀。

答案
呱呱！
我大名叫"青蛙"，小名"田鸡"。

田鸡（青蛙的俗称）。

什么东西即使闭着眼睛也能看见？

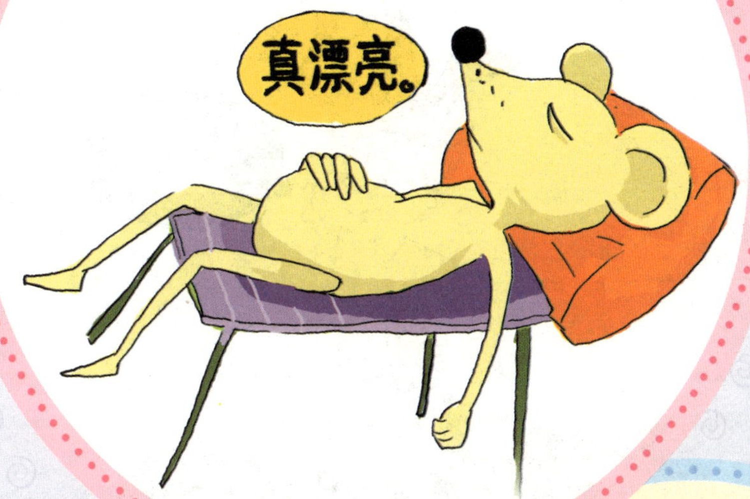

梦。

问题
Question

什么火是看不见的？

怒火。

问题
Question

为什么老李的马可以吃掉老刘的象?

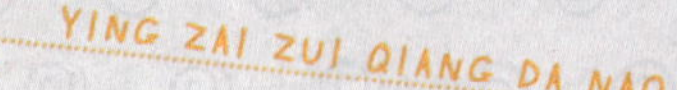

因为他们在下象棋。

问题 Question

怎样才能让毛毛虫通过一条没有桥的河？

答案

变成蝴蝶飞过去。

问题 Question

什么东西打起来既不费劲又会觉得很舒服？

答案

呼噜噜~

呼一

打瞌睡。

问题 Question

什么东西每个人都不想拥有？

病。

中国国
内有什么？

有"玉"。

问题 Question

一张白纸上的灰尘被小明给抖干净了，可是这张白纸上还有东西，你知道是什么吗？

答案

指纹。

指纹

问题 Question

什么东西越旧人就越喜欢？

古董。

问题
Question

王强念了 13 年书，为什么还在读一年级？

答案

他读的是大学一年级。

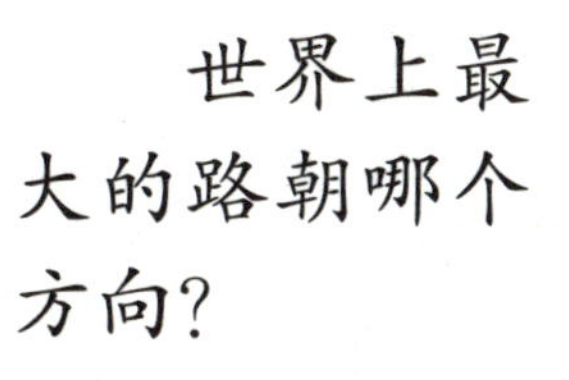

问题 Question

世界上最大的路朝哪个方向？

朝天，因为大路朝天嘛。

人们最喜欢听的两个英文字母是什么？

CD。

外表冷酷，内心火热的东西是什么？

答案

暖瓶。

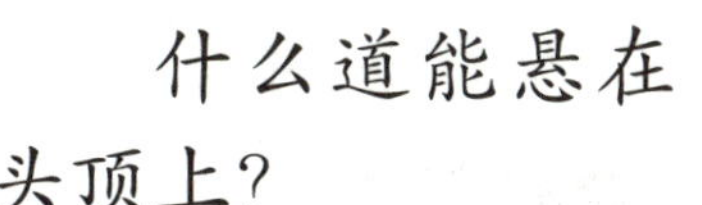

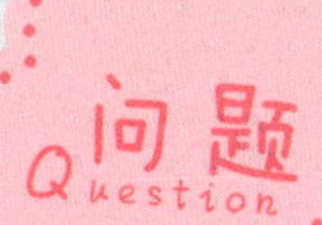

什么道能悬在头顶上？

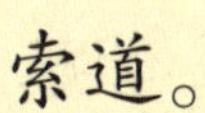

索道。

在饭店吃完饭后一定不要忘记做什么事？

付账。

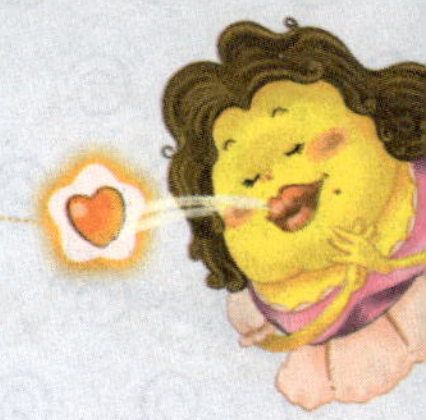

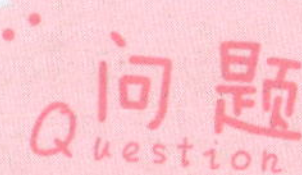
问题
Question

令人不舒服的风是什么风？

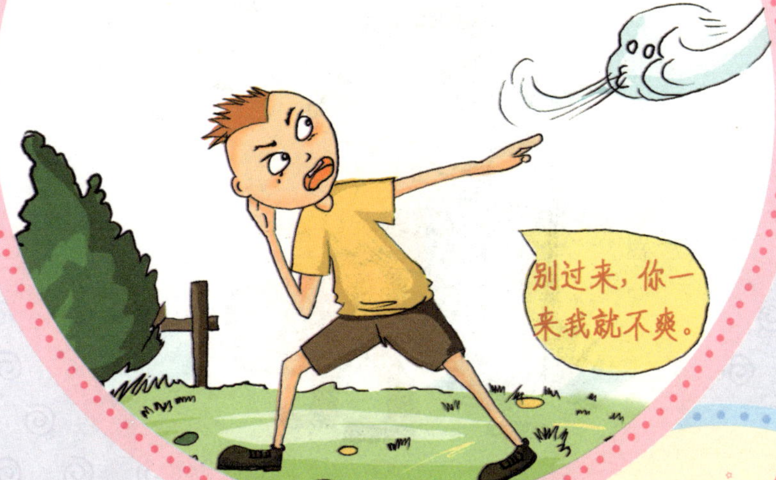
别过来，你一来我就不爽。

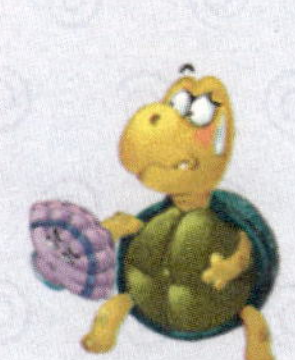

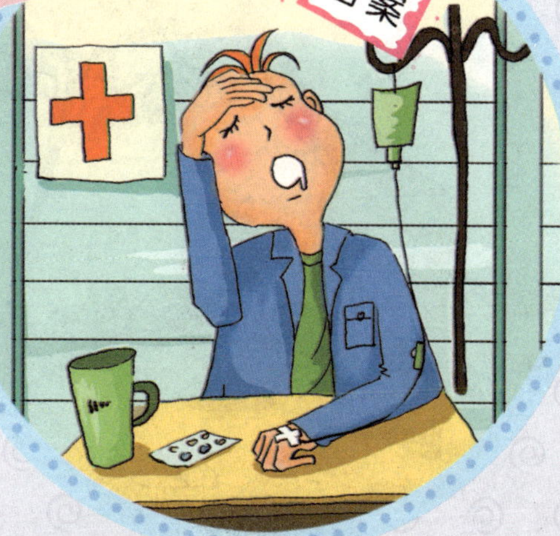
答案

伤风。

什么动物最喜欢看高处？

长颈鹿。

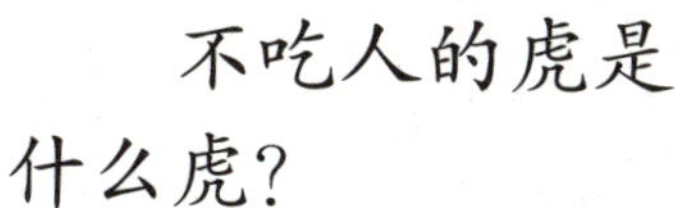

不吃人的虎是什么虎？

答案

壁虎。

问题 Question

在什么情况下说话要付钱？

答案

打电话的时候。

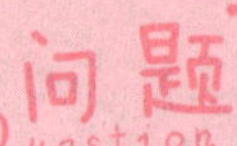

什么东西破了比不破要好？

案件。

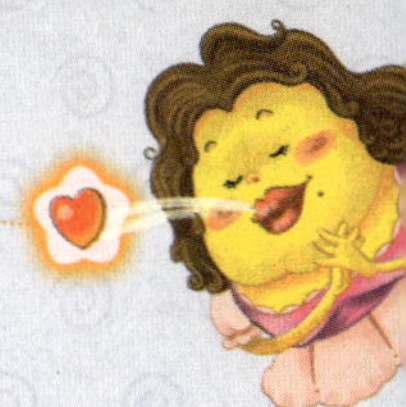

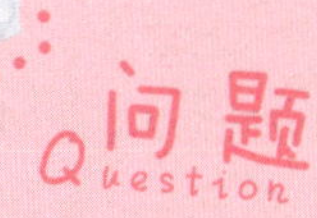
问题
Question

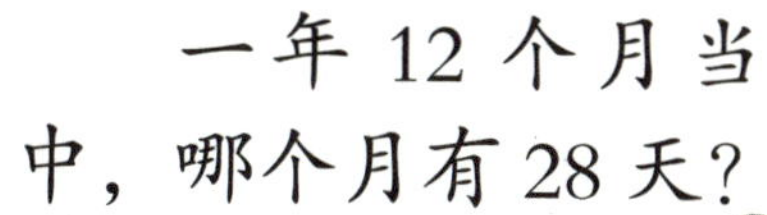
一年12个月当中，哪个月有28天？

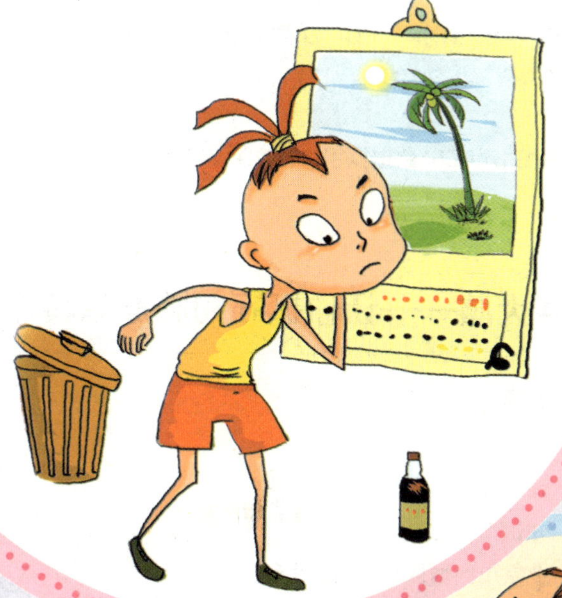

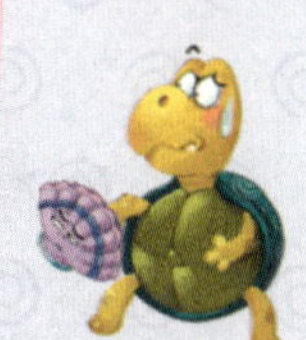

每个月份。

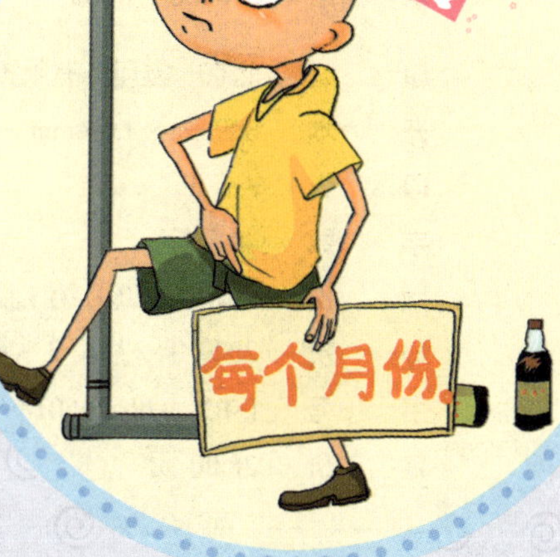
答案
每个月份。

图书在版编目（C I P）数据

让你抓狂的脑筋急转弯 / 崔钟雷编著. -- 北京：知识出版社，2014.10

(赢在最强大脑)

ISBN 978-7-5015-8221-1

Ⅰ. ①让… Ⅱ. ①崔… Ⅲ. ①智力游戏 – 青少年读物 Ⅳ. ①G898.2

中国版本图书馆 CIP 数据核字(2014)第 217861 号

赢在最强大脑——让你抓狂的脑筋急转弯

出 版 人 姜钦云
责任编辑 周玄
装帧设计 稻草人工作室
出版发行 知识出版社
地　　址 北京市西城区阜成门北大街 17 号
邮　　编 100037
电　　话 010-88390659

印　　刷 北京一鑫印务有限责任公司
开　　本 889mm × 1194mm 1/16
印　　张 8
字　　数 40 千字
版　　次 2014 年 10 月第 1 版
印　　次 2020 年 2 月第 3 次印刷
书　　号 ISBN 978-7-5015-8221-1
定　　价 28.00 元